传统文化中的 STEAM

科学的巧妙融合
跨学科学习

丈量坊

郝京华　王伟群　主编

化学工业出版社
·北京·

图书在版编目（CIP）数据

传统文化中的STEAM. 计量坊/郝京华，王伟群主编. 一北京: 化学工业出版社，2023.8（2025.2重印）
ISBN 978-7-122-43611-5

Ⅰ.① 传⋯　Ⅱ.① 郝⋯ ② 王⋯　Ⅲ.① 科学知识-青少年读物② 中华文化-青少年读物　Ⅳ.① Z228.2② K203-49

中国国家版本馆CIP数据核字（2023）第100536号

出 品 人：李岩松
责任编辑：郑叶琳　张焕强
责任校对：宋　玮
书籍设计：尹琳琳

出版发行：化学工业出版社
　　　　　（北京市东城区青年湖南街13号　邮政编码100011）
印　　装：盛大（天津）印刷有限公司
710mm×1000mm　1/16　印张6$\frac{3}{4}$　字数76千字
2025年2月北京第1版第4次印刷

购书咨询：010－64518888
售后服务：010－64518899
网　　址：http:∥www.cip.com.cn
凡购买本书，如有缺损质量问题，本社销售中心负责调换。

定　价：28.00元

编写人员名单

主编：郝京华　王伟群

副主编：叶　枫　方锦强

执行副主编：季荣臻

编写人员：季荣臻　惠铎明　陈　强

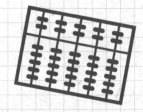

前言

你一定知道中国古代有造纸术、印刷术、火药、指南针四大发明，它们对人类的文明发展起过非常重要的作用。但你知道吗，中国古代伟大的发明远不止这几项。我们还有长江流域河姆渡文化给我们留下的七千多年前的稻作农业文明，还有黄河流域仰韶文化给我们留下的五千多年前绚烂的彩色陶器，还有中原殷商文化给我们留下的三千多年前青铜冶炼技术……除了这些，我们的祖先在农学、医学、天文、历法、地学、数学、运筹学、工艺学、水利学、灾害学等领域也都取得过卓越的成就，向世界提供了丝绸、瓷器、茶叶等凝结着中华民族心智和汗水的技术产品，也给地球留下了雄伟的万里长城、绵延的大运河、无数雄伟壮丽的宫殿、巧夺天工的桥梁、诗意盎然的园林……

绵延不断的悠久历史，积淀了深厚的中华文化；中国古代的科技发明犹如璀璨的明珠，在历史发展中熠熠生辉。

《传统文化中的 STEAM》选取了若干与古代科技有密切关系的物化的传统文化项目，编辑成 9 个分册，即《书印坊》《玩具坊》《染料坊》《兵器坊》《造船坊》《酿造坊》《烧造坊》《建造坊》《计量坊》。

每册书包括 6~8 个主题，每一个主题包括 4 个内容版块，即探文化之源、践古人之行、析科技内涵、观后续发展。

　　探文化之源版块主要介绍该科技用品的结构、用法、历史及对社会、经济、文化等方面的影响。践古人之行版块提供了动手做的器材和步骤，编者希望读者在过 DIY（自己动手做）瘾的同时，能更深层次地领略古人的智慧。析科技内涵重点在解析这些科技用品中蕴含的科学原理。中华先民当时是凭经验做出这些科技用品的，可能并不清楚其中的科学原理，析科技内涵这一版块可以为我们解密。观后续发展交代的是该科技用品现在的命运：它们中有的还在沿用，如风筝、都江堰，有的则进了博物馆，如陶器、雕版。无论如何，龙的传人都应该铭记我们先民曾经有过的辉煌。

　　中华优秀传统文化是"中华民族的基因"，是"民族文化血脉"，是"民族精神命脉"。多了解一些中华优秀传统文化及其蕴含的科学，你一定会为我们先人的智慧折服，你也一定能更好地理解上下五千年中华民族生生不息、屹立世界东方的道理。中华优秀传统文化是我们民族自信的水之源，木之本。少年强则国强，希望你通过对传统文化的 STEAM 学习，吸收文化养分，激发创造潜能，提高民族自信。未来是你们的！

目录

斗

漏刻

日晷

圭表

48

60

75

86

杆秤

探

文化之源

你见过这样的秤吗？它可是我们老祖宗用来称物体质量的工具哦！它由秤杆、秤砣、秤盘（或秤钩）和提纽共同组成。在古代，秤砣又叫权，秤杆又叫衡，这两个称呼能否让你想起一个成语？

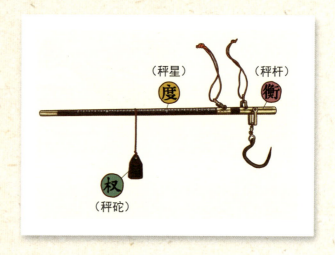

（秤星）
度

（秤杆）
衡

权
（秤砣）

重至上百斤、轻至十几分之一两的物体都可以用秤来称量。

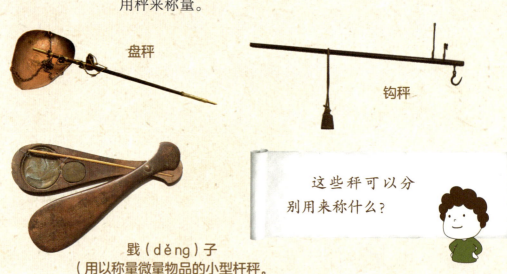

盘秤

钩秤

戥（děng）子
（用以称量微量物品的小型杆秤。
最大单位是两，最小以厘计。）

这些秤可以分别用来称什么？

中国的杆秤到底是谁发明的已无从考证，有的说是鲁班，有的说是范蠡。不过，可以确定的是，早在公元前 700 年左右就有杆秤了。中国湖南长沙东郊战国楚墓出土的杆秤证明了这一点。

这套竹衡杆、铜环权保存很完整。竹杆长27 厘米，两个铜盘，大小铜环共9个，其中最大的重4两，其他依次递减，重量各相差一半，制作非常规范，是当时称量金币的衡器。

使用杆秤时，一手拎着提纽，一手移动秤砣，直至秤杆平衡。吊秤砣的线绳停留在秤星上的位置显示出物体的质量。

你知道秤杆上的点点为什么叫"星"吗？难道与天上的星星有什么关联？没错，真的有关联！古时候我们的先民觉得天上的星星很神秘，它们主宰着人间的许多事情。北斗七星主宰人的亡，南斗六星主宰人的生，7星加6星，等于13星，于是先民就把13星（13两）定为1斤。后来先民又加上了3颗主管福禄寿的星星，意在告诫做买卖的人要诚实讲信用、以德立商，否则，会影响自己的幸福、财运乃至寿命。就这样，13两为1斤变成16两为1斤。

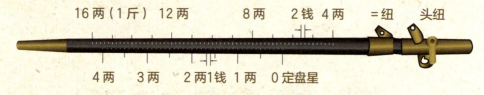

最大称量纽（头纽）可称4两至1斤（16两）　　每个刻度为2钱

16两（1斤）　12两　　　　8两　　2钱4两　　=纽　头纽

4两　3两　2两1钱 1两　0定盘星

0点纽（二纽）可称0至4两　　　　每个刻度为1钱

秦始皇时期统一了度量衡。测量物体轻重的工具称为衡，衡制以铢、锱、两、斤、钧、石为单位。斤下面的单位是两，两下面的单位是锱和铢，24铢为1两，6铢为1锱；比斤更大的单位是钧、石。各个朝代都统一制定了不同规格的杆秤砣。

秦代铜权重7620克　　清代铁砣重12300克　　民国铁砣重7150克

杆秤发明之前，买卖可能是论堆估的。有了杆秤，交易方便多了，也公平多了。先民们从杆秤的公平交易功能延伸出了更多的文化内容。你听说过这些成语或俗语吗？

半斤对八两：形容性格、脾气或实力差不多的两人。

锱铢必较：形容心胸狭窄、斤斤计较的人。

权衡利弊：掂量事物、行为取舍的优劣。

天地间有杆秤，那秤砣就是老百姓。每个人心中都有杆秤，称良心、称正义、称公平……

永康市古山镇前黄村公平秤

想不想自己动手做一杆秤？按照下面的步骤，就可以实现你的愿望。

1 找一根竹筷子，在较粗端1厘米、2厘米的地方，用小刀刻a、b两个槽。

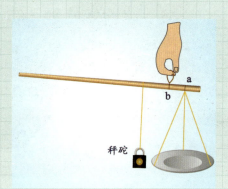

2 在a槽处用细线拴上秤盘，在b槽处用细线拴住作为秤的提纽，再找一把锁，用细线拴住作为秤砣。

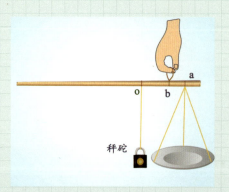

3 手提提纽，调节秤砣的位置，使筷子平衡，这时秤砣细线在秤杆上的位置称为秤的定盘星，用o表示。

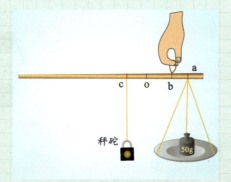

4 在秤盘上放50克的调节砝码，调节秤砣使秤杆平衡，在秤砣细线的位置（c处），刻上记号，标上50克。

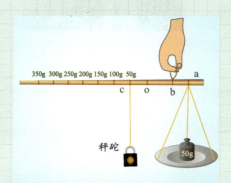

5 从秤杆上 c 处开始沿筷子较细方向，按照 o 到 c 的长度等距离分别标上 100 克、150 克、200 克等标记。

小秤砣能压千斤，它是如何实现的呢？简单机械中的杠杆原理可以揭示其中的秘密。

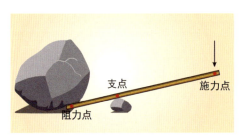

你在哪儿见过这样的杠杆？

跷跷板

撬瓶盖

这些杠杆都有一个共同特点，那就是施力点到支点的距离大于阻力点到支点距离。这样的杠杆用起来省力。杆秤就是这样的杠杆。

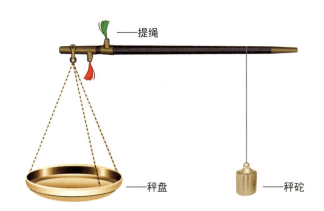

做下面的实验，你一定可以找到杠杆平衡的秘密。

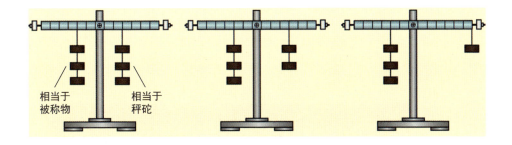

相当于被称物　　　相当于秤砣

现在你能解释小小秤砣为什么能压千斤的道理了吧。古希腊有个叫阿基米德的大科学家甚至说：给我一个支点，我能撬动地球！他说的有道理吗？

杆秤因为使用便利，价格便宜，至今还有人在使用。

1959年，为了跟国际接轨，也为了换算方便，我们国家发布《关于统一计量制度的命令》，确定米制（重量为公斤）为我国的基本计量单位，将原定的16两制改为10两制，即10两为1斤，1斤为500克。

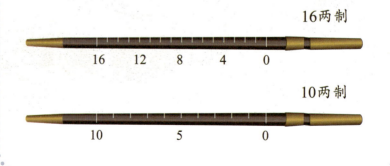

随着时代的进步，各种更便捷、更精准的称量工具不断涌现。现在，有的秤能称出几吨重的物体质量，有的秤能称出不到1克物体的质量，而不太精准的杆秤就渐渐退出了历史舞台。但先民们利用杆秤称量物品质量的智慧将永远地载入史册，成为我们中国人的骄傲！

台秤

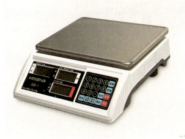

电子秤

精确到0.0001克的电子天平

地秤

算盘

算盘是中国传统的计算工具，也是中国古代的一项重要发明，在电子计算器出现之前曾被人们广为使用。

古代算盘多为竹木材质，在一个长方形的木框里，从左到右串着一串串活动的算珠，每串算珠被中间的横梁隔为上下两部分。最常见的圆珠大算盘的算珠分为2颗上珠和5颗下珠，1颗上珠代表5，1颗下珠代表1。以算盘为工具的珠算法具有口诀简明易记忆、运算简便易掌握等特点，是最早的有软硬件配合的计算法。

顶珠　梁　档　左边　底珠　上边　上珠　右边　下珠　下边

算盘的种类繁多。按算珠和边框材料可分为金、银、瓷、玉、竹、木、象牙等；按形状和构造来分，有长方形、圆筒形、八卦形、扇形、如意形等。

早在春秋时期，人们计数普遍使用的是筹算法。筹算是用一根根同样长短、粗细的小棍子（算筹），按横式和直式两种不同的摆法来表示1～9这9个数字（0用留空表示）进行计数的方法。

0 1 2 3 4 5 6 7 8 9

直式　O | || ||| |||| ||||| T TT TTT TTTT

横式　O — = ≡ ≣ ⸪ ⊥ ⟂ ⫫ ⩴

直式和横式是相间使用的，这是为了便于区分不同的位数。

中国古代的这种十进制算筹计数法在世界数学史上都堪称是一个伟大的创造。相较于古玛雅人的二十进制和古巴比伦人的六十进制，十进制算筹只需要用9个数字的摆放，就可以表示任意的十进制自然数。这不仅大大提高了计数的速度，更提高了运算的效率。

　　随着社会经济的发展，有了对复杂运算的需求，聪颖的中国人又发明了更方便和高效的算盘。目前普遍认为：算盘可能出现于唐末宋初。因为算盘不仅出现在多本宋朝古籍中，还出现在了诸如《清明上河图》《茗园赌市图》等宋代名画中。更重要的是，河北省巨鹿县出土了宋代算珠。

　　随着珠算术的发展，人们除了可以用算盘计算加减乘除，还能进行开方等复杂的运算。从算筹到算盘的进步，不只是减少了计算所需要的时间和空间，也不仅仅是工具的进化，它的发展更是古代人在符号、规则意识方面，以及抽象、概括能力方面不断进步的缩影。

　　除了解决数学问题，算盘也逐渐演化为一种文化习俗。民间俗语中有"吃不穷，穿不穷，不会盘算一世穷""算盘一响，黄金万两"的说法，意思是只有学会了打算盘，才能精打细算、持家理财、发家致富。

　　小到持家理财，大到决胜千里；从算盘实际的计算功能，到财路亨通、神机妙算的寓意，算盘在人们眼中的重要性可见一斑。

想不想亲自动手做一个算盘？传统的算盘工序复杂，但是通过下面的方法，我们可以制作一个简易的小算盘。

1 准备材料：上侧开口的纸盒（也可以用其他材质的盒子替代），3根比纸盒稍长的细绳，3种不同颜色中间有小孔的珠子各9颗（也可以用中间打孔的纸片涂色替代），剪刀，胶带。

2 把颜色相同的9颗珠子分别串在3根细绳上。

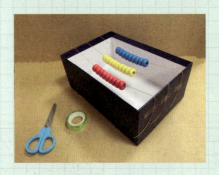

3 把串有珠子的细绳拉直后用胶带粘在盒子的两端。一个简易算盘就做好啦。

4 按顺序将珠串分别设定为百位、十位和个位，试着做一题加法运算45+250=？

中国算盘是有框、梁、档的"珠"算盘，我们的祖先在发明算盘时，不仅要考虑"珠"的形状、数量、承载方式等，还要考虑读数方法的简捷和科学性等。可以说，中国算盘的发明创造体现了中国古人的聪明才智。

用"珠"作算子的学问

球是球体或近似球体。在汉语中，小的称"珠"，大的称"球"。球体具有绕球心旋转的对称性，任何其他几何体都没有珠（球）这样好的对称性，其优异的对称性使它既能在珠杆上来回活动，又能在相应的位置上保持稳定，不会大幅度转动。选用这样的"珠"作算子（或称为算珠），为造就优秀的算具算法奠定了基础。

用材的讲究

除了极少数的金属算盘外，人们普遍使用竹木材质的算盘，其中有三个原因：一是木头和竹子比较轻，制成的算盘便于使用者操作，还便于人们长途携带；二是木头和竹子取材容易，价格较低，用它们制成的算盘，普通百姓能用得起；三是木头和竹子比较容易加工，在没有现代工具的古代，便于制作。

"设梁"的妙处

中国算盘的承载方式采用的是"用档串珠"的方法，使得算珠可以动静自如，且达到"静而稳"的效果。在需要算珠停止的地方，则有横梁挡住它。这样，人们可以放心大胆地拨珠，即使用力大了一点儿，也没关系。档和梁的使用个还可以提高拨珠的速度和计算的准确度。

拼读方式设计的智慧

　　算盘横梁上方的每个珠子代表5，横梁下方的每个珠子表示1，上下数字相加，就是这一根档上的数字。这是一种非常直观形象且便于人们掌握使用的方法。例如：计算6+2=8，先拨出6，再将下面的两颗算珠拨上去，结果就出来了。

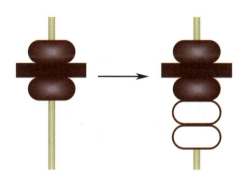

　　在此基础上，如果遇到表示多位数的情况，人们只需要从左向右读出数字就行了，可谓是一目了然，这也是算盘得以普及的重要原因之一。

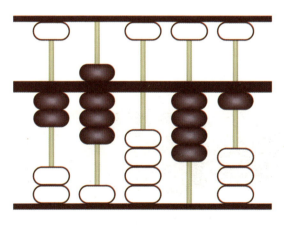

28041 的表示法

观
后
续
发
展

算盘可谓是现代计算机的前身，是古代中国计算技术的符号和现代计算技术的先驱。以算盘为载体的珠算在2013年被正式列入人类非物质文化遗产名录。

名副其实的老寿星

借助丰富的珠算口诀，算盘在中华大地上可谓"长寿"。直到新中国成立，算盘都是我们的主要计算工具，甚至到了六七十年代，在一些地方，人们仍然习惯使用算盘。

现代教学的助手

珠算形象化的特点，使得它在我们的现代数学教学活动中仍然占有一席之地。用它来进行辅助教学，符合儿童形象化的学习特点，便于他们识数、计数、认识数位，有利于增进计算的快速性、观察的瞬时性、记忆的牢固性、想象的丰富性。

多种多样的手工计算机械

除了算盘之外，人们还不断进行创新，逐渐创造出了种类多样的手工计算机械。

计算钟

计算原子弹数据的手摇计算机

算术仪

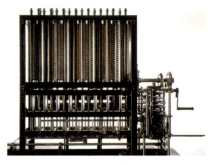

差分机

现代电子计算机的蓬勃发展

随着科学技术的发展，人们对计算速度的要求也在不断提高，各种电子计算器和计算机应运而生。如今，现代超级计算机得到蓬勃发展，其极大的数据存储量和极快速的数据处理能力是普通计算机无法比拟的。目前世界上最快的超级计算机的处理器核心达873万个，浮点运算速度已超过每秒110亿亿次。

历史上第一代电子计算器

便携式科学计算器

中国的神威·太湖之光超级计算机，曾连续四次荣获世界超级计算机TOP500 榜单第一，该系统全部使用中国自主知识产权的处理器芯片

规和矩

你有没有被人夸过"真懂规矩",或相反,被呵斥过"不懂规矩"?你一定知道这些话指的是我们的行为是否得当。

教室里不要大声喧哗

可你知道"规矩"一词的由来吗?在古代,"规矩"不是一个概念,规是规,矩是矩,分别是古人用来测量和画图的两种工具。矩是一种标有刻度的折成直角的曲尺,而规是专门用来画圆的圆规。

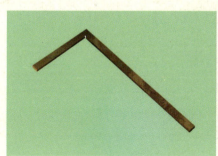

规和矩在我国的发明和应用很早。《孟子》云："不以规矩，不能成方圆。"《吕氏春秋》中则有"为圆必以规，为方必以矩，为平直必以准绳"的说法。这也是古籍中关于规矩、准绳的明确记载。

在汉唐的壁画中，伏羲和女娲分别手持"矩"和"规"。古人还有"规天矩地"的说法，意为用"规"为圆象征天，而"矩"为方象征地。

规和矩用途十分广泛。它们不仅可以画或测方、圆，还可以测量高度、深度和距离。司马迁写的史书——《史记》这样描写大禹治水的情景：陆行乘车，水行乘船，泥行乘橇，山行乘檋（jú）。左准绳，右规矩，载四时，以开九州，通九道，陂九泽，度九山。（《史记·夏本纪》）

周初数学家商高曾对"用矩之道"做过理论总结:"平矩以正绳,偃矩以望高,覆矩以测深,卧矩以知远。"意思是:水平放,就可知绳子是否直;仰着放,就可以测高;测高的矩颠倒过来,就能测量深度;测高的矩平躺着放,就可以测两地间的距离。

古人还会用矩来作正方形和圆形。将两个矩相对摆放,如果所围图形的四条边长度相等,这时候两个矩将围成一个正方形。给定一条线段,以矩的两边和这条线段依次围成不同的直角三角形并描出直角顶点,然后再连接这些点就构成了一个近似的圆(因为圆直径所对的圆周角是90度。）这便是古人说的"环矩以为圆，合矩以为方"。而且古人还认为方属地，圆属天，以方圆为造型的物件也有很多。

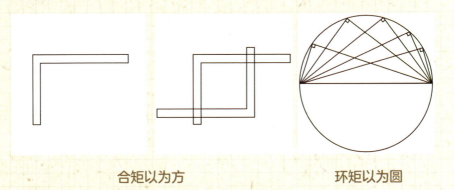

合矩以为方　　　　　　　　环矩以为圆

　　在漫漫历史长河中，规和矩除了作为工具被先民广泛使用外，还被延伸到其他方面，成为社会生产、生活规范的代名词。规和矩所代表的圆和方也成为一种象征符号，体现在传统文化的多个方面。

想不想亲自做一个圆规？通过下面的方法，可以制作一个简易的圆规。

材料准备：

A4 纸一张，边长约为 10 厘米的正方形纸一张，带有笔套的笔一支。

1 把正方形纸整齐对折 2 次，叠成条状，为的是让纸张最后有一定硬度，可以旋转着画圈。

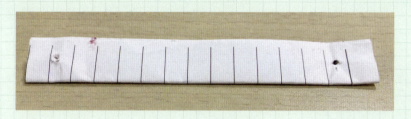

2 用笔尖在折叠好的纸条两端戳两个洞，一个洞用作固定转轴，另一个洞用来插入笔尖旋转着画圆。

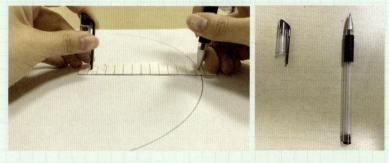

3 将纸条放在一张 A4 纸上。一只手将笔套固定在纸条的一个小洞处并摁紧；另一只手将笔尖穿过另一个小洞，然后带动纸条转动。

想一想，如果想画其他特定大小的圆可以怎么办？

规和矩虽然结构简单，但也含有很多科学原理。

矩 的 夹 角 源 于 自 然 垂 直

矩的两边相互垂直，它们之间的夹角为直角，也就是90度，而90度正好能将直线的180度平分为二，无疑是受到了垂线的启发。

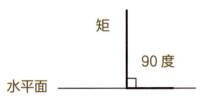

在自然界中，地球附近的物体受地球引力的影响，总是试图向下坠落，而且，向下坠落的方向与水平面垂直，指向地心，这就形成了悬吊物体的垂线始终与水平面相垂直，左右各呈90度角。

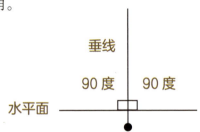

用 矩 测 量 高 度 、 深 度 借 助 了 光 的 传 播 路 线

在同质的透明物质中，光沿直线传播。空气是透明的，在一般情况下，光在空气中也是沿直线传播的。

这个原理为矩测量高度、深度创造了条件。沿直线传播的光给矩添加一条笔直的线，从而构成一个大的直角三角形，让人们能够用数学方法，通过比较两个相似三角形来算出高度。

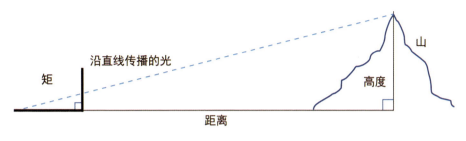

沿直线传播的光

矩

高度

山

距离

用矩测算高度的方法

同样，利用两个相似三角形的等比例关系，还可以计算出井或洞的深度。

用 规 画 圆 是 对 力 的 运 用

用规画出半径相同的圆，实际上是让规的一条腿围绕另一条腿做圆周运动，这属于我们平时所讲的物体的转动。

让物体转动需要用力；让规画出圆还需要克服规的一只脚与平面的摩擦力；在画圆时，让规的一只脚固定在一个位置不变，也需要向下用力。这些力还会造成规的两只脚与接触面的相互摩擦，从而留下痕迹——圆心点和圆周。

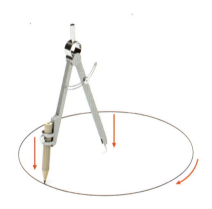

观

规和矩虽然是简单的工具，但并没有随着社会的发展而消亡，而是有了进一步的发展与变化。

仍然具有生命力

至今，在一些手工业劳动者的手中，无论是规还是矩仍然具有不可替代的作用，在生产和生活中贡献着自身的价值。

在我们的数学学习中，也要经常用到规和矩来画出直角、垂线。

出现了多种材料和形态

现代的矩往往被人们称作三角尺、工字尺，而规则被人们称作圆规。而且，可用多种材料来制造。

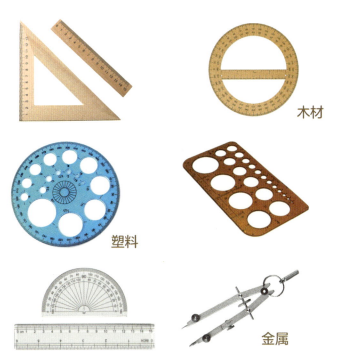

木材

塑料

金属

变身为电脑中的画图软件

随着电脑软件技术的发展，各种各样的绘图软件皆能提供多种画图工具，使人们能够在显示器上轻松画出需要的圆、检查两条线是不是相互垂直。如果还需要图纸的话，只要把它们打印出来就可以了。这就仿佛是把规和矩装进了电脑，非常方便人们的使用。

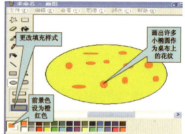

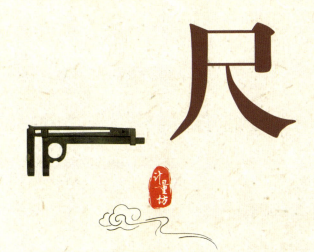

尺

如果有人问你：如何测量长度？你可能会一脸不屑地回答道：那还不简单，用尺子呗。尺子上的刻度会告诉你！

在你看来这不算什么的问题，在古代那可是个大问题！看看我们祖先测量长度所走过的历程吧。

最初的先民没有尺，是利用自己的身体来测量长度的。古书中记载的方式有：

布指知寸
（中指中间一节）

布手知尺
（男人一拃）

舒肘知寻
（双臂之矩）

人长为丈
（大禹的身高）

举足为跬（一步）
倍跬为步（两步）

人有高矮，手有大小，臂有长短，用人的身体测量长度显然不准确。于是先民开始想到用物体作为测量的工具。

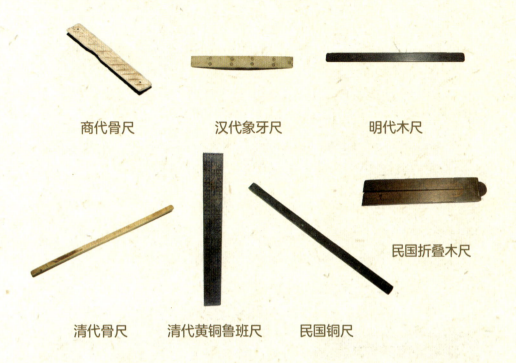

商代骨尺　　　　汉代象牙尺　　　　明代木尺

民国折叠木尺

清代骨尺　　清代黄铜鲁班尺　　民国铜尺

我国古代一尺长度 *			
商	15.8cm	南朝	24.5cm
周	23.1cm	隋	29.6cm
秦	23.1cm	唐	30cm
汉	23.1 ~ 23.75cm	宋元	31.2cm
三国	24.2cm	明清（营造尺）	32cm

* 部分数据存在争议。

你有没有发现：不同时代一尺的长度可能不一样哦！

至于为什么会是这样，原因可能是多方面的。有的想方便，有的想公正，有的想多征布匹税——总之，历代君王都有自己变更尺度标准的理由。

历代尺的长度虽然不一，但进位的标准却普遍采用十进制，即：

1丈=10尺　　1尺=10寸　　1寸=10分　　1分=10厘　　1厘=10毫

提到尺，不得不说一下我们老祖宗的一项伟大发明，这就是新莽铜卡尺。它是世界上最早的滑动卡尺，被公认为是现代卡尺的先驱。其铸造时间为新朝王莽始建国元年（公元9年）。铜卡尺由固定尺和活动尺两部分组成，两个尺上都有刻度。考古学者推测铜卡尺在当时是用来测量圆柱形器物的直径或内径的。

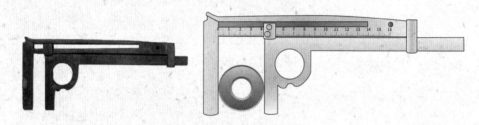

新莽铜卡尺及其用法示意

古代的长度单位除了用于测量，还延伸出了与之相关的文化含义。你听说过下面这些成语吗？

得寸进尺　鼠目寸光

失之毫厘，谬以千里

冰冻三尺非一日之寒

不积跬步无以至千里

读过下面这几句诗吗？

佳人持玉尺，度君多少才。

玉尺不可尽，君才无时休。

这里的玉尺变成选拔人才的标准了！

践

古人之行

我国古代发明的"新莽卡尺"是世界上最早发明出来的卡尺之一。按照下面的方法，你也可以制作一把具有相同作用的现代卡尺。

材料准备：

透明塑料片（可以从衣服等包装中寻找，也可以从透明的塑料文件袋剪取）、剪刀、裁纸刀、直尺。

1 卡尺分为主尺和游标尺两部分，将透明塑料片剪成如图所示的形状和尺寸，并用裁纸刀在游标尺上划两个竖口，竖口的间隔不小于2厘米。

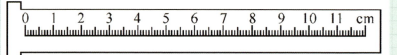

2 按照尺子上的刻度，在主尺上标出尺寸刻度线。

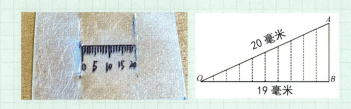

3 在游标尺上画出20个刻度，相邻两个刻度之间的间隔为0.95毫米。方法如右图所示。其中，所有的竖线与底边垂直。

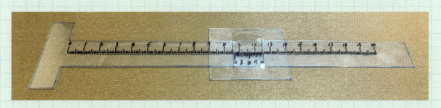

4 把游标尺插进主尺。

使用时，把被测量物体或线段夹在主尺与游标尺之间，然后进行读数：

①先读整数，看游标尺零线左边，主尺尺身上最靠近的一条刻度线的数值。读出被测物体长度的整数部分。

②再读小数，看游标尺零线的右边，数出游标尺第几条刻度线与主尺尺身的数值刻度线对齐。然后，用该刻度线的顺序数乘以游标卡尺的精确度0.05得出小数部分。

③整数部分加上小数部分即为被测物体长度。

如右图：整数部分为95毫米；游标尺第4根刻度线与主尺刻度线对齐，所以小数部分为0.05×4=0.20毫米。因此被测尺寸为95+0.20=95.20毫米。

析

科技内涵

司空见惯的尺其实并不简单，在它诞生和成熟的过程中，蕴含着许多容易被我们忽视的科技原理。

周代的一尺长为什么是23.1厘米？

早在两千多年前，古人就在吹奏管状乐器时发现：音律的高低与律管的长短有着密切的关系：律管越长，发出的音调就越低；律管越短，发出的音调越高。而且，如果律管的内径相当于现在的1.82厘米，长相当于23.1厘米，那么吹奏时，就一定会发出"黄钟宫"（大致相当于我们现在音律C调中的"哆"）。于是，在当时的社会条件下，人们就将此长度定为1尺，并在全国推广。据现代科学研究，这种定长度的方法完全符合空气柱振动发声的规律，其误差很小。

古代律管

新莽铜卡尺为什么能精准地测量出圆柱形物体的外径和内径？

注意观察新莽铜卡尺，你会发现：它的两个测量脚都呈长方形，而且，两个长方形平行。这样，两个长方形的四条长边也就相互平行。由于在任意一点测量两条平行线之间的距离都相同，把圆形物体卡在两个脚之间的任何位置，就能测出圆的外径。同样，把两个脚卡在环形物体的圆孔里，就能测出它的内径。

用卡尺测内径的方法

尺 上 的 刻 度 为 什 么 有 长 有 短 ？

无论是过去用的市尺还是现代用的米尺，上面都标有刻度，而且刻度有长有短。通常，标示较大单位的刻度用长线，标示较小刻度的用短线。以我们学习用的尺为例，通常标示1厘米的线段长，标示5毫米的线段短，而标示1毫米的线最短。这是为了照顾我们的视觉。我们的大脑一下子分辨出线段数量的能力有限，常人刹那间能看出的数量通常在10个以内，也因此，通常用"一五一十""十五二十"的方法来数数目。有了长短线段的区分，我们在测量长度时，便能一目了然，轻松读出对应的数字。

观
后续发展

随着科学技术的发展，传统的尺发展到了现代，逐渐实现了度量衡的标准化、形制和材料的多样化，给人们的生产生活都带来了便捷。

市制发生了变化

时至今日，测量长度的标准绝大多数都采用公制了，但有时人们还会使用传统的市尺，今天的一尺等于33.3厘米。这一标准制定时参考了中国传统的长度测量方法和公制两方面的因素。传统的1里=150丈，也就是1500尺，相当于公制的500米，于是就把1里定为500米。一尺自然也就变成33.3厘米了。

标准与国际接轨

1875年，17个国家的代表在法国签署了《米制公约》，正式确定米制为国际通行的测量单位制，并用铂金和铱金做成长1020毫米、宽和高各为20毫米、横截面为X形的米原器。随着科学技术的发展，科学家发现地球的形状和大小也在变化，因此米尺也不够准确；另外，米原器在刻画上也存在着缺陷，影响了其准确性。1960年第十一届国际计量大会上，正式批准废除此前所沿用的米原器，把同位素气体放电时产生的一种橙色光谱波长的1650763.73倍定为1米。这种光米尺精确度很高，误差只有十亿分之二。米制采用十进制，长度固定，使用方便，获得许多国家的认可。如今，我国的尺也采用了国际通用的"米制"。

测量工具的材料和形式更加丰富

现代的尺主要用两种材料制造：塑料、不锈钢。其中，塑料尺透明、颜色多样，还可以印上各种各样的图案；不锈钢尺防锈、硬实，经久耐用。还有不同形式的尺：折尺便于携带，可测量或描画长距离的线条；卷尺则便于收纳；塑料软尺特别适合测量不规则形状的边长；钢卷尺能够自动卷曲，快速缩回盒内。

更加精准的测量仪器

激光测距仪：激光测距仪看起来不像尺子，却比一般的尺子使用起来更方便。它是利用激光进行测距的一种仪器。它的作用原理很简单：通过测定激光从开始发射到自目标反射回来的时间来测定距离。例如，用激光测距仪来测量月球的距离，如果激光从开始发射到从月球反射回来的时间测定为2.56秒，激光发射到月球的单程时间就等于1.28秒，而激光的速度是光速，约为30万千米每秒。因此，测得的月球离地球的距离为单程时间和光速的乘积，即38.4万千米。激光测距仪重量轻、体积小，操作简单、快捷，结果准确，其误差仅为其他光学测距仪的五分之一到数百分之一。

螺旋测微器：又称为千分尺、螺旋测微仪、分厘卡，是比游标卡尺更精密的测量长度的工具。用它测长度可以精确到 0.01 毫米，测量范围为几个厘米。

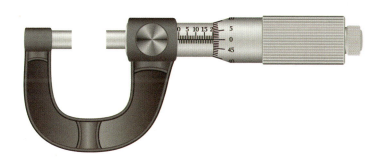

三坐标测量机：通过直接接触模型获得精准的三维数据。它可以代替多种表面测量工具及昂贵的组合量规，获得被测物体上各测点的坐标位置。根据这些点的空间坐标值，经计算求出被测物体的几何尺寸、形状和位置，并把复杂的测量任务所需时间从数小时减少到若干分钟，为操作者提供关于生产过程状况的有用信息。

斗

有一个成语叫"才高八斗",形容一个人很有才华。可你知道"才高八斗"中的"斗"是什么吗?原来在古代,"斗"的本义是一种盛酒的器具,实际上多用作计量粮食的工具,后来又成为计量单位。

米斗依照形状可分为方形斗和圆形斗。方形米斗有口大底小和底大口小两种造型,呈现出刚正有型、浑厚粗放之态;圆形米斗分为直筒形、橄榄形、圆台形三种,整体呈现圆润饱满、精致细腻之态。

八斗挺"高"的哦!

比斗小的计量粮食的工具是升，十升为一斗。装满粮食的升、斗高度各不相同。为了保证公平，先民会用竹片或木板沿升、斗口刮平，刮平升斗的器具称为"概"。"一概而论"的成语就是出于此。

在斗和升发明之前，古代先民常用自己的身体作为测量的工具，即所谓"布手知尺，手捧为升，迈步定亩"。

可是，人的手有大有小，测量结果就会有很大的误差。于是，便有了木制或铁制的计量工具斛（hú）、斗、升。这些计量工具的换算关系是十升为斗、十斗为斛。虽然有了工具也有了换算关系，但在战国时期，不同诸侯国的斗和升大小是不一样的，没法通用。直到秦始皇统一了度量衡，全国的量制才算取得一致。

我国古代的标准量具，从大到小依次为斛、斗、升、合（gě）、龠（yuè），它们的换算关系是一斛等于十斗，一斗等于十升，一升等于十合，一龠等于半合。后来，原本作为重量单位的石也开始作为容量单位使用，称为dàn，一石为十斗，而一斛改为了五斗。

西汉末年出现一种标准量具——新莽嘉量，此一器物包含了龠、合、升、斗、斛五个量度单位。各器均为圆筒形，有的口朝上，有的口朝下，比例大小一目了然，量取换算十分方便。

新莽嘉量

新莽嘉量结构示意图

听说过下面这些与斗、升有关的成语吗?

不为五斗米折腰。说的是东晋后期的大诗人陶渊明，看不惯官场上那一套恶劣作风，不愿为五斗米（指俸禄）去迎奉伺候地方官员，便辞官归田。比喻一个人有骨气、清高。

萧平画作《采菊东篱下》

升米恩，斗米仇。意思是，如果你在别人危难的时候给了他很小的帮助（雪中送炭），他会感激你；可如果给他太多的帮助，让其形成依赖，一旦你停止帮助，反而会遭到他的记恨。

平斗借，尖斗还。如果你向他人借来一斗粮食，应当心存感激，在归还时，要奉上满满的一尖斗。

想不想自己亲手做一个方形米斗？按照下面的步骤
试试看吧。

准备材料：

泡沫板（各种电器包装盒内有，也可以用做广告用的 KT 板或雪
弗板）、尺、小刀、铅笔、橡皮。

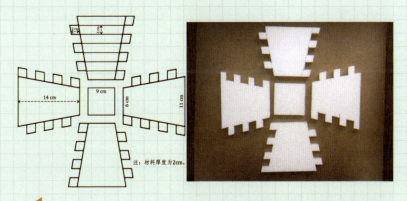

注：材料厚度为2cm。

1 将泡沫板按上面左图尺寸刻制好，再如右图所示
摆放。

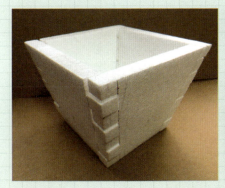

2 将侧面泡沫板立起后进行左图所示的拼接，接头处可以
再用透明胶带加以固定。一个完整的斗就做好了。

如果使用木料，再
用燕尾榫来连接，那就
更有古代气息了！

斗 **53**

析

科技内涵

斗作为称量粮食的器具，在古代应用很普遍。但它并不是一种简单的量器，其中包含了不少科技元素，它的创造发明充分体现了中国古代劳动人民的智慧。

高效率的计量形式

当人们使用斗的时候，秤也同时存在，斗的精确程度显然比秤低，可人们为什么不用秤来称粮食的质量，而要用斗来量它的体积呢？原来，在收获的季节，常常有大量的粮食需要计量，如果全都过秤，虽然精度高了但耗时太长。而古人在长期的实践中也发现，同一种粮食如果体积相同，其质量也基本相同。所以，使用斗和升这样的工具，不仅可以基本达到计量要求，还能够大幅度地提高工作效率、节省人工。

方便使用的敞口形状

大部分的方形斗都是口大底小，这样形状的斗在使用时有很多优点。

在往斗中倒粮食时，因为接受的面积够大，粮食不容易撒出来。

　　不用的时候，可以把斗摞起来摆放，就像现在收纳一次性杯子一样，能节省许多收纳空间。

　　由于口大底小，斗的四壁是向外倾斜的，所以在倒米时，倾斜的角度要比用口底一样大的正方形斗小，也就更省力了。

巧妙组合多种材料

　　古人做斗的主要材料通常是木头，而且会选用耐腐并具有一定硬度的木材作为主材，用铜、铁等金属作为辅材。木材容易获得，价格便宜，但不耐磨，只用木料做斗边角容易磨损，于是人们利用硬度较大、较为耐磨损的金属把角包裹起来，从

金属包角的斗

而使木质的斗经久耐用。此外，古人还会用漆灰、麻布等材料填充木板之间的缝隙，防止木板变形和被虫蛀，发挥了各种材料的优点。

十分牢固的榫卯结构

古人制作的斗不用钉子固定木板，而是使用榫卯结构，大多采用斜向的燕尾榫（因榫头像燕子的剪尾而得名）来拼合斗的木板。利用被挤压后木材的张力和相互之间的摩擦力，使木板的交接处严丝合缝地嵌合在一起。当四块木板围绕着底板相互拼接起来后，就形成了稳定而且牢固的结构。

斗的榫卯结构

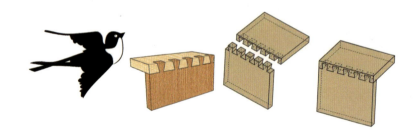

现在，除了偶尔能在农村寻觅到斗的踪迹，斗已经退出了人们的生产生活，成了博物馆里的文物，静静地躺在陈列架上，向后人诉说着久远的历史和先民的智慧。

然而，斗对中华民族的影响深远，其蕴含的文化价值已经深深融入人们的设计理念。如今，无论是在日常器物中，还是在现代机械上，我们依然可以找到它的身影。

现代生活中的一些容器，为了实用、方便和美观，常常会采用斗的造型，特别是借用方斗的形状。

乌木水盂

砚石笔洗

玻璃果盘

木制托盘

黄陶花盆

大型机械上也有斗的造型哦！

人们在一些建筑物设计和室内装饰中也会采用斗的造型。传统文化中的精华元素将跨越历史的长河，永远带给我们新的借鉴和美的享受。

斗拱结构的上海世博会中国馆

室内装饰的斗形顶

漏刻

当你想知道现在几点了，墙上的钟、腕上的表、手机的屏幕……都可以为你提供答案，太方便了！

可你知道在没有钟表的古代先民们是怎么知道时间的吗？从下面这些说法中，你也许能猜到一二。

日出而作，日落而息

日上三竿

闻鸡起舞

一炷香的工夫

这也太不准确了吧！

漏刻　61

古代先民也发现了这些方法的弊端。为此，他们发明了漏刻。从早期的单壶漏刻开始，漏刻的形制和精度在不断地改变和提高。到东汉时期，古人发明了更精准的二级漏刻，晋代又出现了三级漏刻，唐代时则有了四级漏刻。目前在故宫博物院收藏有清代制造的三级漏刻。增加供水壶是为了保持下一级供水壶内的水位稳定。当然，也不是级数越多越好。

西汉青铜漏

西汉千章铜漏

元代三级铜壶滴漏

秤漏是一种特殊类型的漏刻，由公元5世纪时的北魏道士李兰发明。它是通过称量流入受水壶中的水的重量来计量时间，从而提高了灵敏度，能获得更细致的时间划分。

李兰秤漏

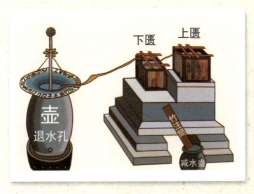

莲花漏

宋代对漏刻的研制较为重视，在形式、结构、精度等方面都有新的进展，其中一项重要的改进就是分水装置的发明。莲花漏通过增加减水盏，可以承接下匮中超过一定水位的水，从而使从下匮流入壶中的水量保持稳定，提高了计时的准确性。

漏刻，漏是指漏壶，刻是指箭尺上的刻度。古人将一昼夜平均分为12段，每段为一个时辰，相当于现在的两小时；他们还将一昼夜分为100刻，每一刻大约14.4分钟。如午时三刻，应该是中午11点43分。古人正是通过观察箭尺上露出的刻度来计时的。

漏刻

漏刻这样的庞然大物放在哪儿合适呢？放家里，太占地方不说，还会因不同漏壶之间的误差而碍事。为了解决这个问题，先民们建起了钟鼓楼和打更制度。每天入夜时的定更和清晨时的亮更，都要击鼓撞钟；深夜从二更到四更都是只撞钟不击鼓，这就是所谓的"暮鼓晨钟"。钟鼓楼一般建在城市中心的高处，这样可以让报时的声音悠远绵长，辐射全城。

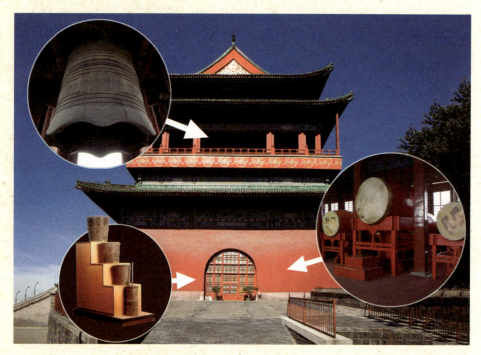

钟鼓楼

古代时辰	现代时间
子时（夜半）三更	23:00—01:00
丑时（鸡鸣）四更	01:00—03:00
寅时（平旦）五更（亮更）	03:00—05:00
卯时（日出）	05:00—07:00

古代时辰	现代时间
辰时（食时）	07:00—09:00
巳时（隅中）	09:00—11:00
午时（日中）	11:00—13:00
未时（日昳）	13:00—15:00
申时（哺时）	15:00—17:00
酉时（日入）	17:00—19:00
戌时（黄昏）一更（定更）	19:00—21:00
亥时（人定）二更	21:00—23:00

俗话说，三更灯火五更鸡，正是男儿读书时。说的是勤劳的人们、苦读的学生，三更时灯还亮着，熄灯躺下稍稍歇息一会儿，五更的鸡就叫了，这些勤劳的人又起床忙碌了。同学们可要珍惜时间，刻苦读书，不要"黑发不知勤学早，白首方悔读书迟"。

难怪有"漏刻计时，撞钟报时"一说。

古
人
之
行

想不想自己动手做一个滴水计时器？按照下面的步骤，就可以实现你的愿望。

材料准备：

4个透明塑料杯、锥子、胶带、秒表、硬板（木板或塑料板均可，长度大于45厘米）、棉线、水。

操作步骤：

1 剪3段棉线，每段10厘米左右。用锥子在3个塑料杯底部各扎1个小孔，将棉线穿过杯底小孔（棉线靠近杯底的一端最好打个结，防止其脱落）。

2 向杯子中倒入一点水，检查装在杯子里的水是否能够顺利通过棉线滴出来。如果水不能顺利滴出来，再把杯底小孔稍微弄大一点儿。

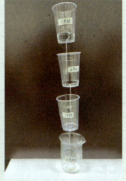

3 用胶带把3个塑料杯垂直粘在硬板上，从上向下依次标记为1号杯、2号杯、3号杯。

4 在3号杯下方再粘贴1个塑料杯，记作4号杯。这样一个简易的滴水计时器就做好了。

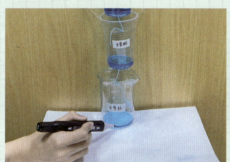

5 在1号杯中倒入100毫升水。用秒表计时，每5分钟查看一次4号杯的水面高度，并在杯子相应位置画线，作为刻度。

测试检验：

（1）根据第一次滴下的水量，预测一下，所有的水都滴入4号杯中需要多长时间？

（2）记录所有水都滴到4号杯中实际需要的时间。

（3）检验：一位同学使用滴水计时器计时15分钟，另一位同学用秒表计时，检验滴水计时器的准确性。

漏刻分为泄水型和受水型两大类，无论哪一类，都涉及三种常见的力——地球引力、水的浮力、水的压力。

早期出现的单壶漏刻利用了地球引力和水的浮力。其中，地球引力表现为水从箭壶或漏壶底侧的小孔向外流出，落入接水器。而水的浮力则表现为刻有标记的箭杆漂浮在水面上，箭杆随着水位的变化而下降（泄水型）或上升（受水型）。

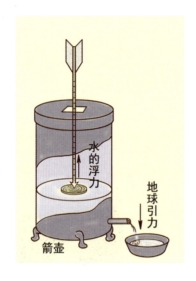 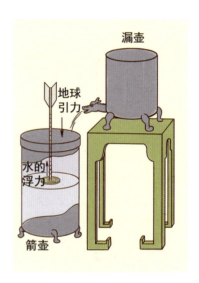

泄水型单壶漏刻　　　　　　受水型单壶漏刻

后来出现的三级漏壶、四级漏壶基本上为受水型的，也需要用到地球引力、水的浮力。多级漏壶之所以比单壶漏刻更准确，是因为它较好地解决了水的压力差对精度的影响问题。在受水型漏刻的漏壶里，水受地球引力的影响，形成水的压力。水的压力跟水位的高度有关，水位越高最下面的水受到的压力越大。所以，水位高时，水从漏壶孔流出的速度快；水位低时，水从漏壶孔流出的速度慢。这样一来，箭壶水位上升（指受水型箭壶）先快后慢，计时准确度下降。当在漏壶上再加一只漏壶，水从下面漏壶流出去的同时，上面漏壶的水补充给下面的漏壶。虽然补充水的速度还是先快后慢，但是下面漏壶的水位变化幅度会减小，因此，出水速度能均匀许多。多叠加几个这样的漏壶，最下面漏壶出水速度的差异就会越来越小。

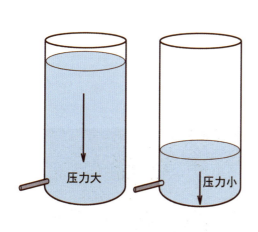

漏壶内水的压力差示意图

多级漏刻水位差示意图

观

后续发展

机械式钟表

漏刻在我国很长的历史时期内，一直是主要的计时工具，虽然不够精确，但能满足农耕时代的生活需求。随着人类社会经济的发展和科技的进步，更精准的计时工具开始出现，首先是机械计时工具的出现。机械钟要比传统的漏刻更加准确。

中国是世界上最早成功制造出机械计时器的国家之一。据史料记载，早在北宋时期，我国先民就制造出了水力驱动的计时机器——水运仪象台。它大约有四层楼的高度，分为上、中、下三层，上层有一座浑仪，中层的密室里放置浑象，下层包括计时、报时机构和动力装置。它是通过这里面的160多个小木人轮流出现或发出声音来完成报时的，设计得非常巧妙。

水运仪象台复原模型

水运仪象台的主要动力结构藏在最下层，这是一个直径达 3 米多的枢轮。枢轮上有72条木辐，在木辐末端装着36个水斗（受水壶）。枢轮顶部和边上附设一组可活动的阻挡器件——左天锁、右天锁，它们相当于钟表中的擒纵器。其中，左天锁连着一个杠杆装置，可以向上翘起，给枢轮转动放行，而右天锁则能暂时抓住水斗边缘。在枢轮旁装有一组两级漏壶，水从平水壶注入水斗，水斗满时，枢轮即往下转动。因为有擒纵器的控制，它每次只能转过一个斗。这样就把匀速运动变成了间歇运动，使整个仪器能够每过一小段时间就自动进行报时。

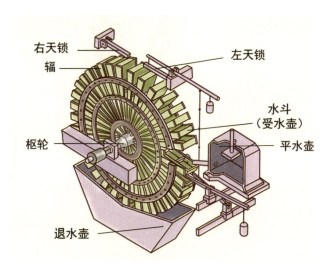

水运仪象台动力结构

好复杂的
计时器！

随着现代工业的出现，人们造出了金属齿轮，并将它运用在机械钟上，不但使机械钟准确度得到更大的提升，还形成了现代机械时钟的基本样式：用指针和刻度来指示时间。这时，时钟的动力有的来自摆锤的摆动，有的来自金属发条贮存的动能。

钟摆结构示意图

钟表的发条结构

除了安放在高耸的钟楼上的大钟外，机械时钟更多的是向小型化发展，做成便于人们携带的、随时可以看时间的怀表、手表。它们除了可以显示时、分、秒外，还可以显示日期。此外，依靠手臂摆动提供动能、不需要上发条的手表也出现了，免去了每天拧旋钮"上发条"的麻烦。

机械表和它的内部结构

新型钟表越来越多

随着电子技术的发展和集成电路的大量运用，到20世纪80年代时，依靠电池提供能量的电子表诞生了。它不仅可以用指针标示时间，还可以直接用数字显示日期和时间，而且比机械手表更轻、价格更低，受到人们的普遍欢迎。电子表的关键构造，后来还被用在众多的电子计时产品上，电脑计时、手机时间和它都是一个原理。

电子表时间　　　　手机时间　　　　电脑计时

随着科技的发展，一些能提供更精准时间的钟表相继问世，如石英钟表、原子钟等，为科研、航空航天等诸多领域的发展奠定了基础。

石英钟表：石英晶体受到电池电力影响时会产生有规律的振动，当它的振动次数达到32768次时，电路会传出信息，让秒针往前走一格。即使是便宜的石英表，一天之内的误差也不会超过1秒。

原子钟：一种超级精密的计时工具，它的最大特点在于，不需要任何电力来维持时间的计量，而是利用原子吸收或释放能量时发出的电磁波来计时。它的稳定程度相当高，计时无比准确。通常被用于射电天文观测、高精度时间计量和火箭发射等。

石英表

随"天宫二号"一起发射升空的空间冷原子钟，精度达到4200万年误差1秒

日晷

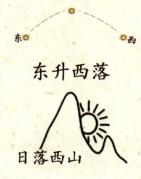

在漏刻出现之前，古人通过看太阳在天空中的移动或看阳光下物体影子的变化来估计时间。这样的经验积累到一定程度，便促成了日晷的发明。东汉的许慎在《说文》中写道：晷，日景（影）也。据考证，早在3000多年前的周朝就有日晷了。最常见的古代日晷有两种：赤道式日晷和地平式日晷。

东升西落

日落西山

故宫太和殿前的赤道式日晷

日晷通常由铜制的晷针和石制的晷盘组成。晷针垂直穿过晷盘中心，上端指向北极星；晷盘斜着安放在底座上。两面都有刻度，分为12个时辰，差不多相当于一天的24小时。每个时辰又分为时初和时正。

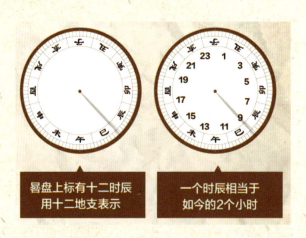

晷盘上标有十二时辰
用十二地支表示

一个时辰相当于
如今的2个小时

赤道式日晷正面的刻度供春分到秋分的半年时间用，背面的刻度供秋分到次年春分用。

日晷正面　　　　　　　　　　　　日晷背面

　　地平式日晷的晷面水平，晷针竖立在晷面上，通过看晷针影子落在晷面上的刻度来确定时间。

清代地平式日晷

　　为了方便携带，先民们还发明了便携式日晷。这些便携式日晷不仅像精美的工艺品，有的还与指南针组合。你能猜出这样组合的好处吗？

半圆地平日晷仪

指南针定时刻日晷仪

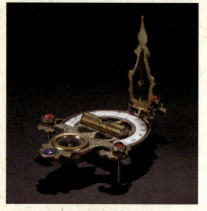

嵌珐琅地平式日晷

夜晚或阴天没有太阳的时候，日晷就发挥不了作用了。还记得另一件计时工具吗？对，漏刻！在没有阳光的日子里，漏刻就可以大显身手了。

日晷，既是计时工具发明史上的一座里程碑，也是人类文明史上的一座丰碑。它改变了古人"日出而作，日落而息""闻鸡起舞"等粗放式的生活习俗，开始以小时为单位考虑起居劳作。看着晷针的影子在晷面上一点儿一点儿地移动，不可逆转地周而复始，古人发出了这样的感慨：一寸光阴一寸金，寸金难买寸光阴。现在，你知道古人用长度单位来形容时间的原因了吧。这句话颇具哲理哦！

兽耳八卦铜壶滴漏

准备材料:

卡纸或硬板纸、铅笔、直尺、量角尺、橡皮、剪刀、固体胶或透明胶带。

地平式日晷

（1）按图1在卡纸上画好晷面和晷针。

（2）查阅当地纬度，按其数值在晷针相应角度线进行裁剪或折叠，如图2。

（3）把晷针粘贴在晷面中间实线处，或在实线处裁开插入晷针，如图3。

图1

图2

图3

动手测一测:

把地平式日晷平放于阳光下的水平地面，使晷针指向正北方（可以借助指南针确定方向）。

每隔1小时，观察晷面上晷针的影子，在影子对应的刻度旁标上相应时间。以后可根据晷针投在晷面上的影子判断相应的时间。

赤道式日晷

（1）在卡纸上的两面都画上或粘贴上有刻度的圆盘，作为晷面并进行裁剪，如图1。

（2）取一根笔直的铁丝做晷针，在晷面的圆心处钻一个小孔，将晷针插入晷面的小孔中并使其与晷面成直角。晷针露在晷面两面的长度应相等，如图2。

（3）在长方体泡沫块正面的1/4处画一条横线（AO）；再在泡沫块两侧分别从A点和O点出发，向下画两条垂直线，并在两侧面以垂线为基准画出角度等于地理纬度的角度线OC，如图3。

（4）沿OC的方向，在泡沫块上切出一个插缝，将晷面插片插入，如图4。

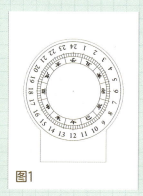

图1

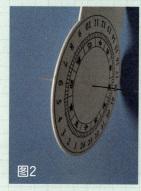

图2

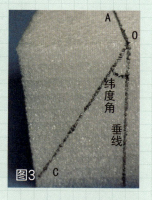

图3

动手测一测:

　　把赤道日晷平放于地面，使晷针指向北极星（可以借助指南针调整方向）。

　　根据晷针投在晷面上的影子判断相应的时间。

图4

已有3000多年历史的日晷，凝聚着古人的聪明才智和对自然现象的观察与科学认知。

晷针成影的基本条件

阳光在密度相同的近地空气中沿直线传播，在遇到不透明的障碍物后会被反射，从而在障碍物后不透明的物体上留下阴影。阴影的方向与光源的方向相反。

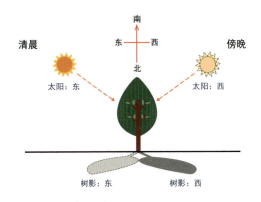

晷针阴影转动的原因

在地球上，如果以大地为参照物，那我们看到的现象就是太阳东升西落，太阳方位角的变化必然使晷针的阴影改变方向。现代科学已经证明：看起来的太阳东升西落实际上是由地球自西向东自转导致的。

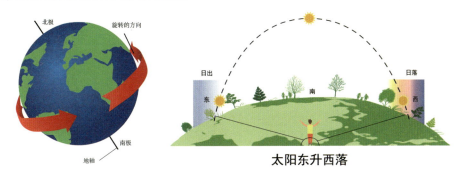

太阳东升西落

确定日晷角度的依据

大多数种类的日晷晷针与晷盘相互垂直，这使得不同地区的日晷形制基本相同，从而测出的时间也相对一致。

日晷摆放的角度也有许多讲究，如大家常见的赤道式日晷，指针必须指向北极星，这样晷盘就与赤道面平行，与当地水平面的夹角就等于90度减去当地的纬度。这样的角度使人们在一年四季里都可以利用日晷来计时，其中，从春分到秋分，晷针的影子投在晷盘的上面；从秋分到春分，太阳在天赤道的南侧运行，因此，晷针的影子投在晷盘的下面。

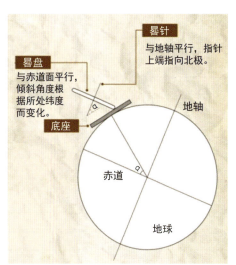

晷针
与地轴平行，指针上端指向北极。

晷盘
与赤道面平行，倾斜角度根据所处纬度而变化。

底座

地轴

赤道

地球

13世纪，欧洲出现了早期的机械钟，明清时期传入我国，但日晷、漏刻还是老百姓常用的计时工具。随着机械钟表、电子计时器的普及，日晷、漏刻退出了历史舞台，而那些古代流传下来的精美日晷，成了见证历史和象征先民智慧的宝贵文物，供人们学习和欣赏。

由于日晷兼具美感和文化传承的双重价值，许多城市建设了日晷广场，或以日晷造型作为城市的地标性建筑。北京长安街旁的中华世纪坛就是一座日晷形的纪念性建筑，上海浦东世纪大道上也矗立着一座日晷式大型城市景观雕塑——《东方之光》。

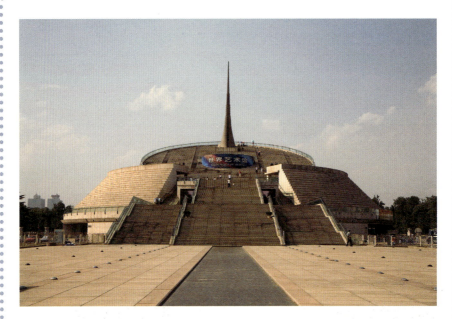

北京中华世纪坛

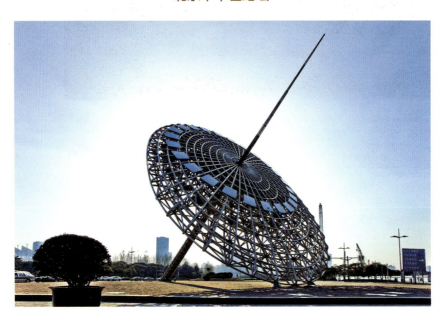

上海浦东日晷式雕塑：《东方之光》

苏州市古代天文计时仪器研究所，搜集了中国古代及世界各国120种日晷资料，逐件进行复原制作，并展示于五彩缤纷的苏州园博园中，成为一个独特的旅游景点——日晷园。

苏州日晷园

重现日晷的原因当然不是为了计时，更多是取它所包含的文化内涵："与日月同行""日晷无语，行胜于言""与时俱进"……有机会去这些地方看看，也许你会有什么新的感悟呢！

圭表

通过科学课，你知道了一年365天的来历：这是地球绕太阳公转一周的时间。16世纪波兰天文学家哥白尼提出了地球绕太阳公转的理论。其实我们的祖先早在3000多年前就知道了一年的天数。他们是怎么知道的呢？

他们是用一个看上去很不起眼的东西——圭表测出来的。

圭表由圭和表两个部分组成。垂直地面的直杆或柱叫表；南北向水平放置、有刻度的标尺叫圭。

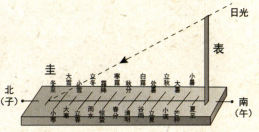

明朝圭表（约公元1437年）

先民们在长期的生产和生活中，观察到阳光下树木、房屋的影子会变化的现象：不仅方向会变，长短也会变。先民还发现，影子的变化是有规律的，一天之内有规律，不同季节也有规律。于是先民们就专门设置了杆或柱，用它们在不同季节正午投在圭上影子的长短变化来测量时间。冬季的某一天影子最长，夏季的某一天影子最短，到下一个影子最长（或最短）日，正好是365天多一点。先民们把影子最长的这天称为冬至，把影子最短的这天称为夏至，影子长度适中的称为春分或秋分。史书记载，最晚在春秋时代，我国的先民就已经采用正午时圭表测影法来确定冬至、夏至，并计算出春分和秋分了。

在我国古时候的不同年代，先后出现了各种形式不同的圭表。

图1为出土于山东长清仙人台的春秋中期圭表（只有表，没有圭）。

图2为出土于安徽阜阳汝阴侯墓的西汉时期圭表（约公元前165年），是目前能见到的世界上最早的圭表。

图1

复原件

原件

图2

出土原件与复原图

图3为出土于江苏仪征的东汉时期袖珍铜圭表，可以折叠之后随身携带。

图4为河南登封观星台圭表（建于公元1276年），是世界现存最大的圭表。

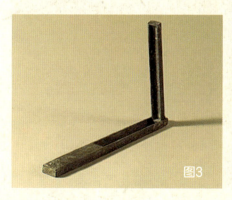

图3

图4

你有没有发现，圭上不仅有季节，还有24个节气。节气有什么用？又是怎么定出来的呢？原来，黄河流域绝大多数从事农耕的先民们需要知道和农事有关的气候信息，以确定该干的农活。二十四节气就是作为指导农事的历法补充。先民将一个冬至日到下一个冬至日的时间平均分割为24段，每段15日。每个节气都有特定的名称，标识着物候的信息，提醒人们该做的准备。成书于西汉的《周髀算经》已有二十四节气的完整记载。

现在，你该知道圭表的作用了吧！

首先，圭表可以用来定时间——季节、节气、回归年。由于古人采用在圭表上画线的方法，把圭表上一个影长变化周期定为一年，将一年分成四段形成四季，再在每个季节上规定六个时间点——节气。由此，可根据影长变化来确定回归年、季节和节气。

春季	日期	夏季	日期	秋季	日期	冬季	日期
立春	2 月 3—5 日	立夏	5 月 5—7 日	立秋	8 月 7—9 日	立冬	11 月 7—8 日
雨水	2 月 18—20 日	小满	5 月 20—22 日	处暑	8 月 22—24 日	小雪	11 月 22—23 日
惊蛰	3 月 5—7 日	芒种	6 月 5—7 日	白露	9 月 7—9 日	大雪	12 月 6—8 日
春分	3 月 20—22 日	夏至	6 月 21—22 日	秋分	9 月 22—24 日	冬至	12 月 21—23 日
清明	4 月 4—6 日	小暑	7 月 6—8 日	寒露	10 月 8—9 日	小寒	1 月 5—7 日
谷雨	4 月 19—21 日	大暑	7 月 22—24 日	霜降	10 月 23—24 日	大寒	1 月 20—21 日

其次，圭表可以用来定方向。大约在新石器时代，古人就利用影子来确定方位。古人以表为圆心画一个圆周，标记出同一天日出、日落时的表影与圆周的交点。连接两个交点的直线，就指示正东、正西的方向。这条线的垂线即为南北方向。

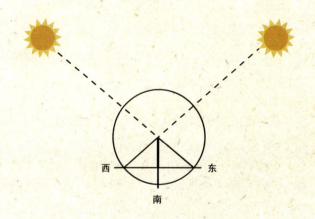

另外，圭表所确定的尺度还可以丈量土地。周朝时的古人约定，在夏至日正午，将作为表的八尺竹竿竖直立于地面，表影长一尺五寸（周朝的一尺与今天的一尺长度并不一致，要短一些）作为长度单位——土圭，来丈量土地。

除了上述实用价值，圭表还延伸出了一些其他的文化内涵。

例如，古人认为，要像圭表上的时间一样地讲诚信，古语"至信如时"就是这个意思。

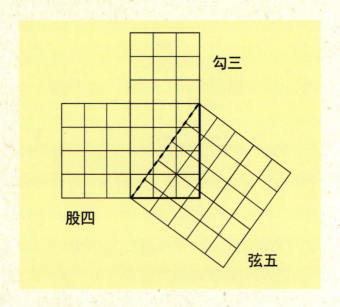

圭表还与几何学上勾股定理（一个关于直角三角形三边关系的定理）有一定的关联。原始的圭表，就是直立的人和他的影子。支撑人直立的是大腿骨。大腿骨在古代被称为髀股，故髀股也作为表的名称。《周髀算经》说，周髀长八尺（一人高）……髀者，股也。……髀者，表也。直立的表称为股，表在圭上的影长称为勾，斜边称为弦。汉代的数学家发现了"勾三股四弦五"的规律。

仿照古人，我们也来做个圭表。

准备材料：

剪刀、透明胶带、纸板、直尺、笔。

制作方法：

1. 用直尺和笔在纸板上画出圭（10厘米×42厘米）和表（5厘米×20厘米），如图1，并沿轮廓线进行裁剪。
2. 在圭的刻度一端裁出一个1.5厘米×1厘米的缺口。沿两条折线向内折叠。沿表的折线分别向内折叠，接头处用胶带粘住，做成长方形柱体（1.5厘米×1厘米×20厘米），如图2。
3. 将表垂直插入圭的缺口处，如图3。

图1

图2

图3

动手测一测：

正午时将圭表按南北方向水平放在阳光下，使表影正好投在圭中间的刻度处，从刻度尺上可以读出当时表的影长。

科技内涵

3000多年前发明的圭表，蕴含了先民们对天体（特别是太阳）长周期视运动规律的摸索与认识。它是中国古代科学技术领域中一项了不起的创造。

圭表为什么可以用来定方向

我们在地球上看太阳东升西落，这是太阳的视运动。不同的地点，不同的日期，太阳东升西落的方位不尽相同，也并不一定是正东方升起、正西方落下。不过，就同一天而言，太阳的视运动轨迹几乎与地球赤道面平行。如果将太阳东升点和西落点连成一条直线，这条直线就是东西方向。所以，将圭表立在一个圆的圆心，分别在日出、日落时标定表的阴影与圆的交点，连接这两个交点的直线将与连接太阳东升点和西落点的直线平行，同样指示东西方向；而在这条直线上作垂线，就指示南北方向。

圭表为什么能准确地测算出回归年

由于地球是倾斜着"身子"绕太阳公转，对于同一个地点，在不同季节里，正午太阳的高度会呈周期性变化：夏季高，冬季低，春季和秋季居中，这就造成了该地正午时阳光下物体的影子冬季长，夏季短，春季和秋季长短居中的情况。在阳光下，圭表的表实际上就是竖立在地面的物体，表在圭上的投影同样具有长短变化的规律性。因此，只要根据以往观测结果在圭表上刻出标记就能够准确测算出回归年，以及在回归年基础上细分出季节和节气。

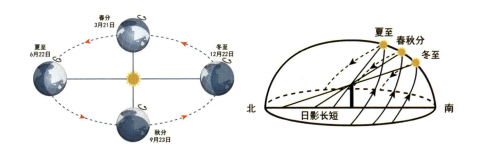

为什么要在正午看圭表

第一，节省材料和占地面积。物体每天在阳光下的影子变化是有规律的，早晚较长，正午时最短，把看圭表的时间统一为正午，就可以把圭表做得尽量短些。

第二，方便确定测量时机。阳光下物体的影长始终在变化，上午影子逐渐变短，下午影子逐渐变长。如果确定一个时间点来进行观测，还需要精确钟表的计时来配合，比较麻烦，更何况那时还没有精确的钟表可用。因此，选择影子长短变化的交界时点，也就是正午时刻，便于人们掌握观测的时机。

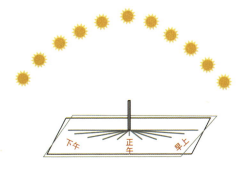

为什么节气会有一两天的出入

由于回归年时间并不是整数，1回归年 = 365.2422日，即365天5小时48分46秒。这导致了每年节气的交节时刻往后要推约6个小时，每隔4年就要多出将近一天的时间。为了解决这个多出来的一天，每4年后就在2月28天的基础上增加一天，即闰日（即2月29日），这便造成了节气的日期起伏不定，往往会相差一到两天。

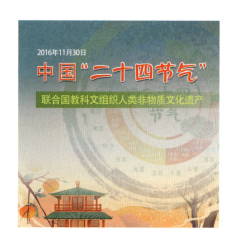

为什么要做那么大的圭表

现存河南登封观星台的圭表是目前世界上最大的圭表。这是由我国元代著名天文学家郭守敬创制的，他把表的高度从八尺提高到四丈。因为圭表的精度与表的高度成正比，硕大的圭表可以极大地提升测量精度。郭守敬利用这个圭表和其他的一些方法，测得一年的天数是365.2425，这与地球围绕太阳公转的实际情况相比只差26秒！

郭守敬画像（蒋兆和绘）

圭表诞生于遥远的古代，虽然现在人们已不再使用，但它和日晷一样，成为展现中国古代科技发展历程、承载文化与历史的文物和展品。同时，它的测量结果和测量方法对后世也具有非常深远的影响，其中，我国的二十四节气就是最有力的例证。

圭表的发明也为后续更精准的仪器的发明奠定了基础。阳光透过表上圆洞照射在圭上特定的位置，据此可以测量出太阳的视觉高度。古人在此基础上，参考阳光透过表上圆洞形成的光柱做成管状器件——窥管。从窥管的下口处沿着窥管看向天空，可以观测某些天区或星座。在浑仪和简仪上就安装有这样的窥管。简仪的创制，是中国天文仪器制造史上的一大飞跃，是当时世界上的一项先进技术。欧洲直到三百多年之后的1598年才由丹麦天文学家第谷发明与此类似的装置。

浑仪

简仪

随着科技的发展，各种各样的传感器出现了。传感器是一种检测装置，它能感受到被测量的信息，并将信息输出到一个微小装置上。传感器的种类非常之多，其中，光敏传感器对光线的强度非常敏感，能察觉细微的变化。它的运用彻底改变了立竿测影的方法。如装载了光敏传感器的太阳自动跟踪器，能根据阳光的周期性强度变化和内置的卫星定位系统，实现全天候高精度的太阳自动跟踪，可广泛应用于气象、太阳能、光伏光热、高校科研和绿色建筑等领域。

太阳自动跟踪器